Lune après lune

James Thurber

Lune après lune

Illustrations de Marc Simont

kaléidoscope

Il était une fois, dans un royaume au bord de la mer, une petite princesse prénommée Léonore. Elle avait dix ans, elle allait sur ses onze ans. Un jour, Léonore eut une indigestion de tartes aux fraises, et elle dut garder la chambre.

Le médecin de la cour se rendit à son chevet ; il prit sa température, puis son pouls, et il examina sa langue. Le médecin de la cour était inquiet. Il envoya chercher le roi, le père de Léonore, et le roi se rendit au chevet de Léonore.

« Je comblerai tous les désirs de ton cœur, dit le roi. Ton cœur n'a-t-il pas quelque désir ? »

« Si, dit la princesse, je veux la lune. Si j'obtiens la lune, je recouvrerai la santé. »

Le roi était entouré de nombreux sages qui pouvaient à chaque instant lui procurer ce qu'il désirait, alors il promit à sa fille qu'elle aurait bientôt la lune. Il alla ensuite dans la salle du trône, il tira sur le cordon d'une cloche trois fois longuement, puis donna un petit coup bref, et le grand chambellan entra dans la pièce.

Le grand chambellan était un homme de forte corpulence qui portait de grosses lunettes, et ses yeux paraissaient deux fois plus grands qu'ils n'étaient en réalité. C'est ainsi que le grand chambellan paraissait deux fois plus sage qu'il n'était en réalité.

« Je veux que tu m'apportes la lune, dit le roi. La princesse Léonore veut la lune. Si elle l'obtient, elle recouvrera la santé. »

« La lune ? » s'écria le grand chambellan, les yeux écarquillés. Et il parut alors quatre fois plus sage qu'il n'était en réalité.

« Oui, la lune, dit le roi. L-U-N-E, lune. Apporte-la-moi ce soir, demain au plus tard. »

Le grand chambellan épongea son front avec un mouchoir, puis il se moucha bruyamment. « J'ai déniché un grand nombre de choses, pour vous servir, Votre Majesté, dit-il. Il se trouve que j'ai justement sur moi la liste de tout ce que j'ai déniché, pour vous servir. » Il tira de sa poche un long rouleau de parchemin.

« Voyons voir. » Il jeta son regard sur la liste en fronçant les sourcils. « De l'ivoire, des singes, des paons, des rubis, des opales et des émeraudes, des orchidées noires, des éléphants roses et des caniches bleus, des scarabées, des doryphores et des mouches fossilisées, des langues de colibri, des plumes d'ange et des cornes de licorne, des géants, des nains et des sirènes, de l'encens, de l'ambre gris et de la myrrhe, des troubadours, des ménestrels, des danseuses du ventre, une livre de beurre, deux douzaines d'œufs et un kilo de sucre, oh, pardon, c'est ma femme qui a ajouté cela. »

« Je ne me souviens d'aucun caniche bleu », dit le roi.

« Ils figurent pourtant bien sur ma liste, et ils ont même été pointés, dit le grand chambellan. Il y a forcément eu des caniches bleus. Vous avez simplement oublié. »

« Laissons tomber les caniches bleus, dit le roi. Ce que je veux maintenant, c'est la lune. »

« Je suis allé jusqu'à Samarkand, jusqu'en Arabie, et jusqu'à Zanzibar pour satisfaire vos désirs, Votre Majesté, dit le grand chambellan, mais la lune, jamais de la vie. Elle est à 56 000 kilomètres et elle est plus grande que la chambre de la princesse. En outre, la lune est faite de cuivre en fusion. Je ne peux pas vous apporter la lune. Des caniches bleus, oui, la lune, non. »

Le roi se mit en colère, il ordonna au grand chambellan de quitter la pièce et il fit venir le magicien de la cour.

Le magicien de la cour était un petit homme mince au long visage. Il portait un grand chapeau pointu rouge émaillé d'étoiles argentées et une longue robe bleue couverte de hiboux dorés. Son visage devint très pâle quand le roi lui dit qu'il voulait la lune pour son enfant et qu'il comptait sur le magicien de la cour pour la lui apporter.

« J'ai, pour vous servir, beaucoup pratiqué la magie, Votre Majesté, dit le magicien de la cour. Il se trouve que j'ai justement sur moi la liste de toutes les sorcelleries que j'ai pratiquées, pour vous servir. » Il sortit une feuille de papier d'une profonde poche de sa robe. « Je commence par le début : "Cher magicien de la cour, Je vous retourne ci-joint la prétendue pierre philosophale que vous affirmez —" non, ce n'est pas cela. » Le magicien de la cour extirpa un long rouleau de parchemin. « Hum, maintenant voyons voir, dit-il. J'ai exprimé le sang des navets, et les navets du sang. J'ai sorti des lapins de chapeaux hauts de forme, et des chapeaux hauts de forme de lapins. Par magie, j'ai fait surgir de nulle part des fleurs, des tambourins et des colombes, et vice versa. Je vous ai apporté des baguettes de sourcier, des baguettes magiques et des boules de cristal dans lesquelles on lit l'avenir. J'ai concocté des philtres, des onguents et des potions pour soigner les chagrins d'amour, la nausée et les bourdonnements d'oreilles. Je vous ai préparé mon propre mélange exclusif de vesses-de-loup, de douce-amère et de larmes d'aigles, pour écarter les sorcières, les démons et les bruits étranges qui se font entendre la nuit. Je vous ai donné des bottes de sept lieues, un doigt qui transforme tout ce qu'il touche en or, et un manteau d'invisibilité ... »

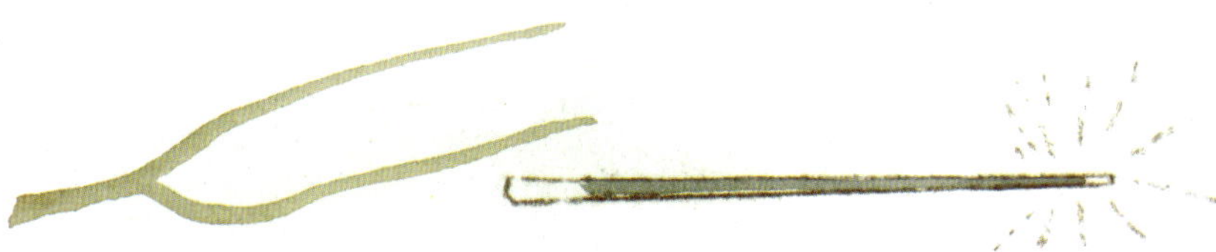

« Ça n’a pas marché, dit le roi. Le manteau d’invisibilité, ça n’a pas marché. »

« Si, ça a marché », dit le magicien de la cour.

« Non, pas du tout, dit le roi. Je me cognais partout, comme d’habitude. »

« Le manteau est censé vous rendre invisible, dit le magicien de la cour, il n’est pas censé vous empêcher de vous cogner. »

« Tout ce que je sais, c’est que je me cognais partout », dit le roi.

Le magicien de la cour regarda de nouveau sa liste. « Je vous ai trouvé les luths du pays des lutins, le sable du marchand de sable et l’or de l’arc-en-ciel. Ainsi qu’une bobine de fil, une pochette d’aiguilles et une motte de cire d’abeille, pardon, ma femme a écrit ici ce que je dois lui rapporter. »

« Ce que j'attends de vous maintenant, dit le roi, c'est que vous me rapportiez la lune. La princesse Léonore veut la lune et, quand elle l'aura, elle recouvrera la santé. »

« Personne ne peut vous rapporter la lune, dit le magicien de la cour, elle se trouve à 240 000 kilomètres, elle est faite de chimères et elle est deux fois plus grande que ce château. »

Le roi se mit de nouveau en colère et il renvoya le magicien de la cour dans son antre. Puis il fit retentir un gong et convoqua le mathématicien de la cour.

Le mathématicien de la cour était chauve et myope, et il avait une calotte sur la tête et un crayon derrière chaque oreille. Il portait des habits noirs parsemés de chiffres blancs.

« Je ne veux pas entendre la longue liste de tous les problèmes que tu as résolus pour moi depuis 1907, lui dit le roi. Je veux que tu me trouves immédiatement le moyen d'apporter la lune à la princesse Léonore. Quand elle aura la lune, elle recouvrera la santé. »

« Je suis ravi que vous fassiez état des problèmes que j'ai résolus pour vous depuis 1907, dit le mathématicien de la cour. Il se trouve justement que j'en ai la liste sur moi. »

Il tira de sa poche un long rouleau de parchemin qu'il regarda. « Voyons voir, j'ai calculé pour vous l'écart qui sépare les termes d'un dilemme, le jour de la nuit, et A de Z. J'ai évalué la distance de Haut, le temps que l'on met pour arriver Loin, et le poids du Néant. J'ai découvert la taille du serpent de mer, le prix de l'inestimable et le carré de l'hypothalamus. J'ai trouvé le sens du sens dessus dessous, la quantité de voyelles gaspillées chaque jour et le nombre d'oiseaux que l'on peut attraper avec le sel de l'océan, 187 796 132, si vous voulez savoir. »

« C'est plus qu'il n'y a d'oiseaux sur terre », dit le roi.

« Je n'ai pas dit qu'ils y étaient, dit le mathématicien de la cour. J'ai dit *s'ils* y étaient. »

« Je ne veux plus entendre parler de tes sept cent millions d'oiseaux imaginaires, dit le roi, je veux que tu apportes la lune à la princesse Léonore. »

« La lune est à 480 000 kilomètres, dit le mathématicien de la cour, elle est ronde et plate comme une galette et elle est composée d'amiante. Elle fait la moitié de ce royaume et, qui plus est, elle est collée au ciel. Personne ne peut vous apporter la lune. »

Le roi se mit de nouveau en colère et il congédia le mathématicien de la cour. Puis il sonna le bouffon de la cour.

Le bouffon entra dans la salle du trône en sautillant, engoncé dans sa livrée et coiffé d'un bonnet à clochettes bigarré. Il s'assit au pied du trône.

« Que puis-je faire pour vous, Votre Majesté ? » demanda le bouffon de la cour.

« Personne ne peut rien pour moi, dit tristement le roi. La princesse Léonore veut la lune. Elle ne guérira pas sans cela, mais personne ne peut la lui apporter. Dès que je demande la lune à l'un de mes savants, la lune grossit et s'éloigne. Tu ne peux rien faire pour moi, si ce n'est prendre ton luth et jouer quelque chose de triste. »

« Quelle taille a la lune, d'après eux, demanda le bouffon, et à quelle distance se trouve-t-elle ? »

« Le grand chambellan dit qu'elle se trouve à 56 000 kilomètres et qu'elle est plus grande que la chambre de la princesse Léonore, dit le roi. La magicien de la cour dit qu'elle est à 240 000 kilomètres et qu'elle est deux fois plus grande que le palais. Le mathématicien de la cour dit qu'elle est à 480 000 kilomètres et qu'elle fait la moitié de ce royaume. »

Le bouffon de la cour pinça distraitement les cordes de son luth. « Ce sont tous des sages, dit-il, ils doivent donc tous avoir raison. Et, s'ils ont tous raison, c'est que la taille de la lune et la distance qui nous en sépare ne relèvent que de l'appréciation de chacun. Il faut simplement demander à la princesse Léonore quelle taille a la lune, d'après elle, et à quelle distance elle se trouve. »

« Je n'avais jamais pensé à cela », dit le roi.

« Je vais lui poser la question, Votre Majesté », dit le bouffon de la cour. Et il entra à pas feutrés dans la chambre de la petite fille.

La princesse Léonore ne dormait pas et elle était ravie de voir le bouffon de la cour, mais son visage était très pâle et sa voix très faible.

« M'apportes-tu la lune ? » demanda-t-elle.

« Pas encore, dit le bouffon de la cour, mais je vais de ce pas la chercher. Dis-moi, d'après toi, quelle est sa taille ? »

« Elle est juste un peu plus petite que l'ongle de mon pouce, dit-elle, parce que, si je lève mon pouce vers la lune, mon ongle la cache entièrement. »

« Et à quelle distance se trouve-t-elle ? » demanda le bouffon de la cour.

« Elle n'est pas aussi haute que le grand arbre qui pousse sous ma fenêtre, dit la princesse, car quelquefois elle se prend dans ses branches supérieures. »

« Il me sera très facile de t'apporter la lune, dit le bouffon de la cour. Ce soir, je grimperai à l'arbre quand la lune se prendra dans les branches supérieures et je te la rapporterai. »

Puis il pensa à quelque chose d'autre. « De quoi est faite la lune, princesse ? » demanda-t-il.

« Oh, dit-elle, la lune est en or, bien sûr, gros nigaud ! »

Le bouffon de la cour quitta la chambre de la princesse et il se rendit chez l'orfèvre royal. Il demanda à l'orfèvre royal de lui faire une minuscule lune ronde en or, juste un peu plus petite que l'ongle du pouce de la princesse Léonore et de l'attacher à une chaîne d'or pour que la princesse puisse la porter autour de son cou.

« Quelle est cette chose que je viens de fabriquer ? » demanda l'orfèvre royal quand il eut terminé.

« Vous avez fait la lune, dit le bouffon de la cour. Voici la lune ! »

« Mais la lune est à 800 000 kilomètres, dit l'orfèvre royal, et elle est en bronze, et elle est ronde comme une bille. »

« C'est ce que vous pensez », dit le bouffon de la cour, tandis qu'il s'en allait avec la lune.

Le bouffon de la cour apporta la lune à la princesse Léonore, qui fut remplie de joie. Le jour suivant elle était rétablie et elle put se lever et aller jouer dans le jardin.

Mais les soucis du roi n'étaient pas pour autant terminés. Il savait que la lune brillerait dans le ciel dès la nuit tombée, et il ne voulait pas que la princesse Léonore puisse la voir. Si elle la voyait, elle devinerait que la lune qui pendait à une chaîne autour de son cou n'était pas la vraie lune.

Le roi fit donc venir le grand chambellan et lui dit : « Nous devons empêcher la princesse Léonore de voir la lune briller dans le ciel. Trouve une solution ! »

Le grand chambellan se tapota pensivement la tempe du bout du doigt, et dit : « Je sais. Nous pouvons fabriquer des lunettes de soleil pour la princesse Léonore. Nous pouvons les faire si noires qu'elle sera incapable de voir quoi que ce soit au travers. Elle ne pourra donc pas voir la lune briller dans le ciel. »

Cette suggestion mit le roi très en colère. Il secoua énergiquement la tête. « Si elle portait des lunettes noires, elle se cognerait partout, dit-il, et elle tomberait de nouveau malade. »

Il renvoya donc le grand chambellan et fit venir le magicien de la cour.

« Nous devons cacher la lune, dit le roi, pour que la princesse ne puisse pas la voir briller dans le ciel ce soir. Comment allons-nous procéder ? »

Le magicien de la cour se mit sur les mains,
puis il se mit sur la tête,
et se remit sur les pieds.

« Je sais ce que nous pouvons faire, dit-il. Nous pouvons tendre une toile de velours noir que nous fixerons à des poteaux. La toile recouvrira les jardins du palais tel un chapiteau de cirque, et la princesse Léonore ne pourra pas voir au travers, elle ne pourra donc pas voir la lune dans le ciel. »

Le roi était si furieux qu'il agitait frénétiquement les bras.

« Une toile de velours noir empêcherait l'air de passer, dit-il, la princesse ne pourrait plus respirer, et elle tomberait de nouveau malade. » Il renvoya donc le magicien de la cour et fit venir le mathématicien de la cour.

« Nous devons faire en sorte que la princesse ne puisse pas voir la lune briller dans le ciel ce soir, dit le roi. Si tu es si savant, alors trouve un moyen ! »

Le mathématicien de la cour marcha en décrivant un cercle, puis ses pas tracèrent un carré, enfin il s'immobilisa. « J'ai trouvé ! » dit-il.

Soudain, il bondit de son trône et montra la fenêtre du doigt. « Regarde ! s'écria-t-il. La lune éclaire déjà la chambre de la princesse Léonore. Qui lui expliquera comment la lune peut briller dans le ciel alors qu'elle est accrochée à une chaîne autour de son cou ? »

Le bouffon de la cour cessa de jouer du luth. « Qui m'a expliqué comment attraper la lune alors que vos sages disaient qu'elle était trop grande et trop lointaine ? La princesse Léonore. La princesse Léonore est donc plus sage que vos sages, et sa connaissance de la lune est plus vaste que la leur. Je vais donc l'interroger, elle ! » Et avant que le roi ait pu le retenir, le bouffon s'esquiva sans bruit et il grimpa le large escalier de marbre qui menait à la chambre de la princesse Léonore.

La princesse était dans son lit, mais ses yeux étaient grands ouverts, et elle regardait par la fenêtre la lune briller dans le ciel. Dans sa main brillait la lune que le bouffon de la cour lui avait apportée. Le bouffon avait l'air triste, et ses yeux semblaient pleins de larmes.

« Dis-moi, princesse Léonore, demanda-t-il d'une voix éplorée, comment la lune peut-elle briller dans le ciel alors qu'elle est accrochée à une chaîne autour de ton cou ? »

La princesse le regarda et sourit : « C'est facile, gros nigaud, dit-elle. Quand je perds une dent, une nouvelle dent pousse à sa place, n'est-ce pas ? »

« Bien sûr, dit le bouffon. Et quand la licorne perd sa corne dans la forêt, une nouvelle corne pousse au milieu de son front. »

« C'est exact, dit la princesse. Et quand le jardinier royal coupe des fleurs dans le jardin, d'autres fleurs viennent les remplacer. »

« J'aurais dû y penser, dit le bouffon de la cour, puisque c'est la même chose avec la lumière du jour. »

« Et la même chose avec la lune, dit la princesse Léonore. Je crois qu'il en va ainsi de chaque chose. » Sa voix devint un murmure puis s'éteignit, et le bouffon vit qu'elle dormait. Il borda la princesse endormie.

Mais avant de quitter la chambre il se mit à la fenêtre pour faire un clin d'œil à la lune, car il avait semblé au bouffon de la cour que la lune lui avait décoché une œillade.

Texte traduit de l'américain par Elisabeth Duval

Titre de l'ouvrage original : MANY MOONS
Editeur original : Harcourt Brace Jovanovich, Publishers

Loi n° 49.956 du 16 juillet 1949 sur les publications
destinées à la jeunesse : septembre 1992
Dépôt légal : septembre 1992
Imprimé en France
ISBN 2-87767-083-X

Diffusion l'école des loisirs

« Nous pouvons tirer un feu d'artifice dans le jardin chaque soir, avec beaucoup de girandoles d'argent et de cascades d'or et, quand elles s'éteindront, des millions d'étincelles jailliront dans le ciel, il fera clair comme en plein jour et la princesse Léonore ne pourra pas voir la lune. »

Le roi entra dans une colère telle qu'il se mit à sauter comme un cabri. « Des feux d'artifice tiendraient la princesse éveillée, dit-il. Elle ne pourrait plus du tout dormir et elle tomberait de nouveau malade. » Le roi renvoya donc le mathématicien de la cour.

Quand le roi leva les yeux, il faisait nuit dehors, et il vit le limbe éclatant de la lune apparaître au-dessus de l'horizon. Il sursauta de terreur et sonna le bouffon de la cour. Le bouffon entra en sautillant et s'assit au pied du trône.

« Que puis-je faire pour vous, Votre Majesté ? » demanda-t-il.

« Personne ne peut rien pour moi, dit tristement le roi. La lune se lève, il y a aura clair de lune dans la chambre de la princesse, et elle verra que la lune est toujours dans le ciel, et

non pas accrochée à une chaîne autour de son cou. Prends ton luth et joue-moi quelque chose, quelque chose de très triste, car lorsque la princesse verra la lune, elle tombera de nouveau malade. »

Le bouffon de la cour pinça distraitement quelques cordes. « Que disent vos sages ? » demanda-t-il.

« Ils sont incapables de trouver un moyen de cacher la lune sans rendre la princesse Léonore malade », dit le roi.

Le bouffon joua très doucement une chanson. « Vos sages possèdent tout le savoir du monde, dit-il. S'ils ne peuvent pas cacher la lune, c'est que la lune ne peut pas être cachée. »

Le roi mit la tête entre ses mains et soupira.